Jacky GIRARDET
C.I.E.P. de Sèvres

Joëlle SCHELLE-MERVELAY

Sylvie TOUX

il était ...

une petite grenouille

2

illustrations : Catherine MONDOLONI
conception graphique : Pascale MAC AVOY
chansons : Walter ANICE

Cle international
79, avenue Denfert-Rochereau 75014 PARIS

Te souviens-tu de la petite grenouille qui, au début de ton premier livre de contes, voulait raconter des histoires ? Elle ennuyait tout le monde parce qu'elle ne savait que répéter « Coâ Coâ... Coâ Coâ »

Écoute-la parler maintenant ! Regarde comme elle a fait des progrès !

Veux-tu continuer avec elle à apprendre le français ? Alors, tourne vite la page, écoute la cassette et suis bien les explications et les conseils de tes parents ou de ton professeur. Tu pourras bientôt parler au roi malheureux de la planète Frigorix, rire avec les animaux à la fête de la girafe et apprendre des trois sorcières la recette d'un gâteau magique.

ISBN 2-09-033515-9

Il était une fois...

UN VIEUX SAVANT DANS LES NUAGES

Tubulus est un grand savant.

« Allô ! Allô ! Oui, je vous entends !
Ici, Tubulus sur la Terre !
— Tubulus ! Sur la planète Frigorix,
il n'y a pas de feu ! »

Tubulus et le chat sont dans la fusée.
Ils vont apporter le feu aux habitants de Frigorix.
« 5, 4, 3, 2, 1, 0 ! Nous partons ! »

8 (D3)

Ils sont sur la planète des nuages gourmands.

« J'ai vu beaucoup de gâteaux au chocolat. »

C’est la fête des étoiles.
On monte dans le bateau de la lune.
On descend par le grand toboggan.
On attrape le chapeau du soleil.

Sur la planète Frigorix,
les maisons sont en glace
et les arbres sont blancs.

Le roi de Frigorix raconte son histoire.

ORANGE
CITRON
COCO

« Des allumettes !
On peut faire du feu ! »

Et voilà comment le pays de la neige
est devenu le pays de la pluie.

Pour peindre un ciel d'été,
il faut un peu de soleil,
beaucoup de bleu, beaucoup de bleu,
mais de nuages pas du tout.

Pour peindre un jour de pluie,
il faut un peu de vent,
beaucoup de nuages,
beaucoup de nuages,
mais de soleil pas du tout.

Pour peindre un jour d'hiver,
il faut un peu de noir,
beaucoup de blanc, beaucoup de blanc,
mais de vert pas du tout.

Tournent, tournent les étoiles,
en auto, à vélo.
Tournent, tournent les étoiles
à moto et à dos de chameau.
Tournent, tournent les étoiles,
à la fête, à la fête,
tournent, tournent les étoiles
à la fête du ciel.

Tu es monté dans le bateau de la lune.
Tu t'es promené dans la mer du ciel.
Je suis monté à l'échelle des nuages.
Je suis descendu par le toboggan.
Elle est montée dans un bel avion
et elle a attrapé le chapeau du soleil.

Le pauvre Tubulus n'entend pas bien.
Le pauvre Tubulus ne comprend rien.

Je lui dis que j'ai faim,
il me serre la main.
Je lui dis que j'ai soif,
il me donne du pain.

Tu lui dis qu'il fait chaud,
il te donne un manteau.
Tu lui dis qu'il fait froid,
il t'embrasse trois fois.

Dans son château,
un roi avait très chaud.
Et le jour et la nuit,
le matin, l'après-midi.
Dans son château,
un roi avait très chaud.
Dans son château,
il était toujours dans l'eau.

Il a fait une machine.
La machine a fabriqué
des glaces roses et vertes,
des chocolats glacés.
Il a voulu l'arrêter,
mais elle a continué.
Des glaces roses et vertes,
des chocolats glacés...

Et maintenant...
Dans son château,
le vieux roi a très froid.
Et le jour et la nuit,
le matin, l'après-midi.
Dans son château,
le vieux roi a très froid.
Dans son château,
il rêve d'un feu de bois.

Plic, Ploc, Plic, Ploc.
Quand il pleut,
les gouttes de pluie
glissent, glissent sur les parapluies.

Plic, Ploc, Plic, Ploc.
Quand il pleut,
les gouttes de pluie
nagent, nagent dans les flaques bleues.

Plic, Ploc, Plic, Ploc.
Quand il pleut,
les gouttes de pluie
emportent nos deux amis.

Il était une fois…

UN HIPPOPOTAME AMOUREUX D'UNE GIRAFE

Qu'elle est jolie, cette girafe, avec son long cou et sa belle robe jaune !

« Mes amis, demain, j'ai vingt ans.
Je vous invite à une grande fête. »

L'hippopotame est amoureux de la girafe.
Il veut aller à la fête.

« Nous allons te faire de beaux habits ! »

Le crocodile mord la queue du kangourou.
Quelle catastrophe !

Les beaux habits sont trop petits !
Quelle catastrophe !

Alors, le cheval part au marché.
Il revient avec de la peinture.

La fête a commencé.
On fait des cadeaux à la girafe.
« Un autre collier ! C'est le dixième ! »

« Le crocodile est plus élégant.
— Mais l'éléphant danse mieux ! »

L'hippopotame arrive.
Qu'il est beau ! Qu'il est bien habillé !
Alors la girafe tourne la tête
et ses yeux brillent, brillent...

Mais la pluie efface les beaux habits de l'hippopotame.

« Je suis le plus laid !
— Mais non, hippopotame !
Viens avec nous
au cirque Boulou ! »

Quand on est un hippopotame,
et qu'on aime une belle dame,
qu'est-ce qu'il faut faire ?

Quand on est un hippopotame,
et qu'on aime une belle dame,
je vais te dire ce qu'il faut faire.

Tu vas enlever ta vieille chemise,
tu vas enlever ton vieux pantalon,
ta vieille cravate et tes vieux souliers.

Nous allons te laver.
Nous allons te brosser.
Nous allons te parfumer.

On va t'acheter un costume,
avec un grand chapeau à plume
et une cravate couleur de tomate.

Quand on est un hippopotame,
et qu'on aime une belle dame,
voilà, voilà, ce qu'il faut faire.

Je vais vous raconter l'histoire
d'une grande catastrophe
sur la route du marché.

Un jour, pour s'amuser,
le singe, ce rusé,
met une peau de banane
au milieu du chemin.

Le gros hippopotame
glisse, glisse et patatras !
écrase comme un moustique
la queue du crocodile
qui mord la queue du kangourou
qui secoue petit kangourou
qui saute et tombe sur le chat
qui marche sur le long serpent
qui avale petit kangourou.
Pauvre petit kangourou !

Ah ! Quelle histoire ! Quelle histoire !
Cette grande catastrophe
sur la route du marché.

Avec qui voulez-vous danser,
mademoiselle, mademoiselle ?
Avec qui voulez-vous danser ?
Choisissez votre cavalier.

Le plus gai, c'est le cheval blanc,
il vous montre toutes ses dents.
Le plus sérieux, c'est le chameau,
il ne dit pas un mot de trop.

Mais le plus beau
Mais le plus fort
Mais le plus fier
C'est l'hippopotame !

L'oiseau noir est le plus bavard,
il n'écoute pas la musique.
Le lapin est le plus poli
et c'est aussi le plus gentil.

L'éléphant est le plus patient,
bien sagement, il vous attend.
Faites attention quand vous dansez
il peut vous écraser le pied.

Dans la rivière
j'ai toujours vu
des hippopotames.
Mais je n'ai jamais rencontré
d'hippopotame en pyjama.
Non, je n'ai jamais rencontré
d'hippopotame en pyjama.

Au bord de l'eau
j'ai toujours vu
des crocodiles.
Mais je n'ai jamais rencontré
de crocodile sur un fil.
Non, je n'ai jamais rencontré
de crocodile sur un fil.

Dans la forêt
j'ai toujours vu
des éléphants.
Mais je n'ai jamais rencontré
d'éléphant sur un cerf-volant.
Non, je n'ai jamais rencontré
d'éléphant sur un cerf-volant.

Il était une fois...

UN ROI QUI AVAIT UNE FILLE

Bouledeneige est la fille du roi.
Tous les jours, au petit déjeuner, au déjeuner
et au dîner,
elle mange, elle mange, elle mange...
Alors, bien sûr, elle grossit, grossit, grossit...

« Ministre ! Pourquoi ma fille est grosse ?
— Parce qu'elle mange trop !
— Ça, c'est bien vrai ! »

Alors le roi appelle tous les docteurs du pays
et tous les professeurs de gymnastique du pays.
Mais Bouledeneige continue à grossir.

**« Ministre ! Tu n'es pas allé dans la forêt.
Tu n'as pas appelé les sorcières. »**

Montez sur ce balai.
Je vais vous emmener
au fond de la mer
ou sur la montagne,
si vous voulez.

Les sorcières vont faire un gâteau magique.
Au travail !
Elles vont dans la forêt. Elles cueillent des fleurs,
des feuilles et des champignons.

TAMARA
RAZIZA
SEL
BALOULA
TOMATE

Pour faire un gâteau de sorcières,
il faut des œufs de serpent vert, des morceaux
de champignons rouges, des queues de souris jaunes
et des larmes de crocodile.

Dans le gâteau de la première sorcière,
il y a trop de poivre.
Dans le gâteau de la deuxième,
il n'y a pas assez de larmes de crocodile.

Dans le gâteau de la troisième,
il n'y a pas assez de sauce tomate.

« Allez ! Hop ! Mettez les sorcières en prison » dit le roi.

« Est-ce que quelqu'un veut essayer ?
S'il réussit, je lui donne mon château,
je lui donne tout mon or,
je lui donne tout ce qu'il veut. »

Bouledeneige est devenue une jolie princesse,
la grenouile est devenue un beau jeune homme,
et ils se sont mariés.

À table ! À table !
Pour le petit déjeuner.

Pour moi trois litres de lait.
Pour moi trois gouttes de lait.

J'ai encore faim ! J'ai encore soif !
Je n'ai plus faim ! Je n'ai plus soif !

À table ! À table !
C'est l'heure du déjeuner.

Pour moi la moitié d'un bœuf.
Pour moi la moitié d'un œuf.

J'ai encore faim ! J'ai encore soif !
Je n'ai plus faim ! Je n'ai plus soif !

À table ! À table !
À table pour le dîner.

Trois gros morceaux de gâteaux.
Un petit morceau de gâteau.

J'ai encore faim ! J'ai encore soif !
Je n'ai plus faim ! Je n'ai plus soif !

À table ! À table !

Je suis Raziza
la meilleure des sorcières.
Ah ! Ah ! Ah ! Ah ! Ah ! Ah !
Montez sur ce balai,
je vais vous emmener
au fond de la mer
ou sur la montagne
si vous voulez.

Je suis Tamara
la meilleure des sorcières.
Ah ! Ah ! Ah ! Ah ! Ah ! Ah !
Buvez ce bol de lait
et je vais vous changer
en jolie princesse
ou en oiseau bleu
si vous voulez.

Je suis Baloula
la meilleure des sorcières.
Ah ! Ah ! Ah ! Ah ! Ah ! Ah !
Regardez ce miroir
et vous allez vous voir
plus grand, plus petit,
plus maigre ou plus gros
si vous voulez.

Abracadabra !
Ce beau champignon,
il n'est pas à toi,
il n'est pas à elle.
Il est à moi !
Abracadabra !
Tu es un fromage
et je suis un gros rat.

Abracadabra !
Cette souris jaune,
elle n'est pas à toi,
elle n'est pas à elle.
Elle est à moi !
Abracadabra !
Tu es une mouche
et je suis un oiseau.

Abracadabra !
Ces herbes magiques,
ne sont pas à toi,
ne sont pas à elle.
Elles sont à moi !
Abracadabra !
Tu es un lapin
et je suis un serpent.

Pour faire un gâteau de sorcières
il faut une grande marmite,
et sous la marmite un grand feu.

Prenez des œufs de serpents verts.
Cassez-en un, cassez-en deux,
cassez-en trois.
Des morceaux de champignons rouges.
Mettez-en un, mettez-en deux,
mettez-en trois.

Prenez des queues de souris jaunes.
Coupez-en une, coupez-en deux, coupez-
en trois.
Et des larmes de crocodile.
Versez-en une, versez-en deux,
versez-en trois.

Ajoutez quelques grains de poivre
et mélangez et mélangez et mélangez.
Puis beaucoup de sauce tomate.
Voilà c'est prêt ! Voilà c'est prêt !
Voilà c'est prêt !

Bouledeneige était la fille
d'un vieux roi malheureux,
parce qu'elle mangeait trop.
Mais pourquoi ? Mais pourquoi ?
Je ne me rappelle pas.

Le vieux roi a fait venir
des professeurs, des docteurs
et les meilleures sorcières.
Mais pourquoi ? Mais pourquoi ?
Je ne me rappelle pas.

Ils ont tous fait des bêtises
et la pauvre Bouledeneige
est devenue minuscule.
Mais pourquoi ? Mais pourquoi ?
Je ne me rappelle pas.

La grenouille est arrivée.
Elle a soufflé dans l'oreille
de la pauvre Bouledeneige.
Mais pourquoi ? Mais pourquoi ?
Je ne me rappelle pas.

Bonjour, ma jolie princesse.
Bonjour, mon joli monsieur.
Et ils se sont mariés.
Mais pourquoi ? Mais pourquoi ?
Je ne me rappelle pas.

Leurs enfants sont des gourmands.
Ils aiment jouer dans l'eau
et savent sauter très haut.
Mais pourquoi ? Mais pourquoi ?
Je sais très bien pourquoi...

CHANSON DE LA PETITE GRENOUILLE

Je suis une petite grenouille.
Toujours, toujours en vadrouille...

Je voyage dans les étoiles
vers la planète du froid
et retrouve mes amis
avec les gouttes de pluie.

Pour le gros hippopotame
qui veut plaire aux belles dames,
je fais un joli costume
et un grand chapeau à plume.

J'aime la fille du roi,
je veux qu'elle soit jolie
et à la fin de l'histoire
avec elle je me marie.

Dans la cassette :
La chanson de la petite grenouille est un commentaire des trois contes, couplet par couplet. C'est à la fois l'introduction de l'enregistrement et la transition d'un conte à l'autre. La totalité du contenu de la cassette est transcrite ci-dessous.

IL ÉTAIT UNE FOIS... UN VIEUX SAVANT DANS LES NUAGES

(D1) *Vous voyez cette fusée et ces radios ? Nous sommes chez Tubulus. Tubulus est un grand savant. Avec sa fusée, il peut aller sur la Lune et sur les autres planètes. Avec sa radio, il peut parler à d'autres vieux savants, sur la Lune et sur les autres planètes.*

Tubulus a un chat. Il s'appelle Mistigri. Mais ce n'est pas un chat comme les autres. Il sait lire. Il sait écrire. C'est un chat savant.

UNE VOIX : Allô ! Allô !
TUBULUS : Oui. J'écoute.
LA VOIX : Je suis le roi de la planète Frigorix.
TUBULUS : Ici Tubulus, sur la Terre.
LE ROI : Tubulus, Tubulus, nous sommes malheureux ici ! Nous n'avons pas de feu.
TUBULUS : Vous n'avez pas de feu ? Et comment vous faites cuire vos hamburgers ?
LE ROI : Nous mangeons des hamburgers crus.
TUBULUS : Vous mangez des hamburgers crus ? Mais c'est terrible ! Et comment vous faites cuire vos spaghettis ?
LE ROI : Nous mangeons des spaghettis crus.
TUBULUS : Des spaghettis crus ! Mais c'est terrible !
LE ROI : Tubulus ! Vous avez du feu sur la Terre ?
TUBULUS : Bien sûr, on a du feu. On fait cuire nos hamburgers et nos spaghettis, nous !... Allô !... Allô !... La planète Frigorix ? Ah là là... ce téléphone ne marche pas... Mistigri ! Tu entends ? Une planète sans feu !
MISTIGRI : Mais c'est terrible ! Il faut aider ce roi.
TUBULUS : On y va ?
MISTIGRI : On y va.
TUBULUS : Et n'oublie pas les allumettes !

(D2) *Tubulus et Mistigri sont dans la fusée. Attention au départ !*
TUBULUS : Tu es prêt ?
MISTIGRI : Je suis prêt.
TUBULUS : Moteur... Appuie sur ce bouton... Ça marche... Allez, compte !
MISTIGRI : 1, 2, 3, 4.
TUBULUS : Mais non, pas comme ça, comme ça : 10, 9... allez, compte avec moi : 8, 7, 6, 5, 4, 3, 2, 1, 0...
MISTIGRI : Ça y est ! Nous partons !

Et la fusée monte très haut dans le ciel.
Que c'est beau !

Pour peindre un ciel d'été,
il faut un peu de soleil,
beaucoup de bleu,
beaucoup de bleu,
mais de nuages pas du tout.

Pour peindre un jour de pluie,
il faut un peu de vent,
beaucoup de nuages,
beaucoup de nuages,
mais de soleil pas du tout.

Pour peindre
un jour d'hiver,
il faut un peu de noir,
beaucoup de blanc,
beaucoup de blanc,
mais de vert pas du tout.

La fusée passe à côté de la Lune... Ils voyagent longtemps, longtemps, au milieu des étoiles. Tiens ! Voilà une planète bizarre avec des nuages autour. C'est peut-être Frigorix...

TUBULUS : Tu vois quelque chose ?
MISTIGRI : Non, je ne vois rien.
TUBULUS : Sortons. Toi, Mistigri, va par là. Moi je vais par là.
MISTIGRI : À tout à l'heure !

(D3) TUBULUS : Tiens ! C'est toi ! Tu as vu quelque chose ?
MISTIGRI : J'ai vu des nuages gourmands.
TUBULUS : Des nuages gourmands ? C'est extraordinaire !
MISTIGRI : J'ai vu beaucoup de gâteaux au chocolat et des tas de tartes à la crème.
TUBULUS : C'est extraordinaire ! Et tu as goûté ces gâteaux ?
MISTIGRI : Oui, j'ai mangé un morceau de gâteau au chocolat, trois morceaux de tarte à la crème, sept morceaux de tartes aux pommes.
TUBULUS : Mais c'est extraordinaire !
MISTIGRI : Et j'ai bu du lait rose ! Et j'ai bu du jus d'orange !
TUBULUS : Mais c'est extraordinaire ! J'ai faim, moi aussi ! J'ai soif, moi aussi maintenant ! Dis, Mistigri, on va dans les nuages gourmands ?
MISTIGRI : Ah non ! Les nuages gourmands ont voulu me manger. Ils ont couru après moi. Ils criaient :
« C'est un chat en chocolat ! »
Et j'ai eu peur ! J'ai eu peur !

(D4) *Vous entendez ce bruit ? Vous voyez ces lumières ? C'est la fête dans le ciel. Une fête dans le ciel, c'est extraordinaire, non ?*
Et la fusée de Tubulus commence à tourner avec les étoiles, à tourner avec les planètes, à tourner autour du Soleil.

Tournent, tournent les étoiles,
en auto, à vélo.
Tournent, tournent les étoiles
à moto et à dos de chameau.
Tournent, tournent les étoiles,
à la fête, à la fête,
tournent, tournent les étoiles
à la fête du ciel.

Tu es monté dans le bateau de la lune.
Tu t'es promené dans la mer du ciel.

Je suis monté à l'échelle des nuages.
Je suis descendu par le toboggan.

Elle est montée dans un bel avion
et elle a attrapé le chapeau du soleil.

Mais on ne peut pas tourner comme ça très longtemps.
Il faut arriver chez le roi de la planète Frigorix.
Alors, on tourne encore une autre fois... et puis on tourne la page.

(D5) *Enfin ! Ils sont arrivés. Ici, vous voyez, c'est bien différent. Il fait froid, il y a de la glace partout. Les maisons sont en glace, les arbres sont en glace. Dans les rues, les feux rouges sont en glace. C'est Frrrigorix, le pays du froid. Ah ! Voici un bonhomme de neige.*

TUBULUS : Bonjour, bonhomme de neige !
LE BONHOMME DE NEIGE : Glagla...
TUBULUS : Tiens ! Il ne parle pas français. Tu comprends, toi, Mistigri ?
MISTIGRI : Oui, je comprends.
TUBULUS : Qu'est-ce que ça veut dire « glagla » ?
MISTIGRI : Ça veut dire « bonjour ».
TUBULUS : Ah ! Ça veut dire « bonjour » ! Alors, glagla, Monsieur le bonhomme de neige !
LE BONHOMME DE NEIGE : Brr Brr gla gla gla gla.
TUBULUS : Mais qu'est-ce qu'il dit ?
MISTIGRI : Il dit que le roi vous attend.
LE BONHOMME DE NEIGE : Brr Brr gla gla gla gla.
TUBULUS : Mais qu'est-ce qu'il dit ?
MISTIGRI : Il dit que le château du roi est à dix kilomètres.
TUBULUS : À dix kilomètres !
LE BONHOMME DE NEIGE : Brr Brr gla gla gla gla.

TUBULUS : Mais qu'est-ce qu'il dit ?
MISTIGRI : Il vous demande de mettre ces skis.
TUBULUS : Dix kilomètres avec des skis ! Mistigri, comment on dit « je ne sais pas skier » ?

Le pauvre Tubulus n'entend pas bien.
Le pauvre Tubulus ne comprend rien.

Je lui dis que j'ai faim,
il me serre la main.
Je lui dis que j'ai soif,
il me donne du pain.

Tu lui dis qu'il fait chaud,
il te donne un manteau.
Tu lui dis qu'il fait froid,
il t'embrasse trois fois.

(D6) *Les voilà dans le château. Écoutez ! Le roi raconte son histoire...*

LE ROI : Avant, dans ce pays, il n'y avait pas de glace, pas d'hiver...
J'avais toujours chaud. C'était toujours l'été...
Du matin au soir, j'étais dans ma piscine...
Alors, j'ai lu beaucoup de livres et j'ai appris à fabriquer une machine à faire du froid.
J'ai fabriqué cette machine. Elle a marché. C'était merveilleux !
Mais, j'ai voulu l'arrêter : impossible !
Elle a continué à faire du froid. Et elle continue toujours... toujours... toujours.

Dans son château,
un roi avait très chaud.
Et le jour et la nuit,
le matin, l'après-midi.
Dans son château,
un roi avait très chaud.
Dans son château,
il était toujours dans l'eau.

Il a fait une machine.
La machine a fabriqué
des glaces roses et vertes,
des chocolats glacés.
Il a voulu l'arrêter,
mais elle a continué.
Des glaces roses et vertes,
des chocolats glacés.

Et maintenant...
Dans son château,
le vieux roi a très froid.
Et le jour et la nuit,
le matin, l'après-midi.
Dans son château,
le vieux roi a très froid.
Dans son château,
il rêve d'un feu de bois.

(D7) *Vous avez vu ces deux habitants de Frigorix ? Ils sont montés dans la fusée. Ils ont trouvé la boîte d'allumettes.*

LE 1er HABITANT : C'est pour faire du feu ?
LE 2e HABITANT : Ne touche pas ! C'est peut-être dangereux !
LE 1er HABITANT : Mais non, regarde. C'est facile.

Et crac ! Il gratte une allumette, puis deux allumettes et la boîte d'allumettes prend feu... et la fusée prend feu.

LE ROI : La fusée brûle !
MISTIGRI : Au feu ! Au feu !
TUBULUS : Appelez les pompiers !

Mais bien sûr, sur la planète sans feu, il n'y a pas de pompiers. Alors, la fusée continue à brûler. Et tout à coup, il fait très chaud dans le pays du froid.
Quand il fait chaud, que devient la glace ? Que devient la neige ? Que deviennent les chocolats glacés ?
Vous le savez. Alors, regardez comment le pays du froid est devenu le pays de la pluie.

Plic, Ploc, Plic, Ploc.
Quand il pleut,
les gouttes de pluie
glissent, glissent
sur les parapluies.

Plic, Ploc, Plic, Ploc.
Quand il pleut,
les gouttes de pluie
nagent, nagent
dans les flaques bleues.

Plic, Ploc, Plic, Ploc.
Quand il pleut,
les gouttes de pluie
emportent nos deux amis.

Il était une fois... UN HIPPOPOTAME AMOUREUX D'UNE GIRAFE

(E1) *C'est le soir, au bord de la rivière...*
Comme tous les soirs, la girafe vient boire.
Comme tous les soirs, dans les hautes herbes, des yeux regardent la girafe : les yeux du crocodile, les yeux du lion, du singe, du cheval, du chien... et les yeux de l'hippopotame.
« Qu'elle est jolie, cette girafe avec son long cou et sa belle robe jaune ! »
Quand elle arrive, le petit cœur du singe fait tac-tac, tac-tac, et le gros cœur de l'hippopotame fait boum-boum, boum-boum.
Vous avez compris, tous les animaux sont amoureux de la girafe.
Aujourd'hui, l'hippopotame a apporté un cadeau pour la girafe. Mais l'hippopotame est un peu timide. Il devient tout rouge.

LA GRENOUILLE : Allons ! courage, hippopotame !
L'ÉLÉPHANT : N'aie pas peur !
LE CROCODILE : Donne-lui le cadeau !

Enfin l'hippopotame s'avance.

L'HIPPOPOTAME : Bon anniversaire !
LA GIRAFE : Merci, hippopotame. Tu es gentil. Mais mon anniversaire, ce n'est pas aujourd'hui !
L'HIPPOPOTAME : Ce n'est pas aujourd'hui ?
LA GIRAFE : C'est demain.
LES AUTRES : Ah ! Ah ! Ah ! Ah !

Et voilà ! L'hippopotame a encore fait une bêtise et on se moque de lui.

LA GIRAFE : Mes amis, demain j'ai vingt ans. J'invite tout le monde à une grande fête.
LES AUTRES : Merci ! Merci, girafe ! À demain !

(E2) *L'hippopotame ne sait pas comment s'habiller. Il demande à la grenouille.*

Quand on est un hippopotame,
et qu'on aime une belle dame,
qu'est-ce qu'il faut faire ?

Quand on est un hippopotame,
et qu'on aime une belle dame,
je vais te dire ce qu'il faut faire.

Tu vas enlever
ta vieille chemise,
tu vas enlever
ton vieux pantalon,
ta vieille cravate
et tes vieux souliers.

Nous allons te laver.
Nous allons te brosser.
Nous allons te parfumer.
On va t'acheter un costume,
avec un grand chapeau à plume
et une cravate couleur de tomate.

Quand on est un hippopotame,
et qu'on aime une belle dame,
voilà, voilà ce qu'il faut faire.

La grenouille est allée au marché. Elle achète du tissu.

LA GRENOUILLE : Bonjour madame, je voudrais trente mètres de tissu.
LA MARCHANDE : Trente mètres ! Pour quoi faire ?
LA GRENOUILLE : Un costume pour l'hippopotame. Hier, la girafe nous a invités à son anniversaire.
LA MARCHANDE : Ah bon ! Voilà... 10 mètres... 20 mètres... 30 mètres.
LA GRENOUILLE : Ça fait combien ?
LA MARCHANDE : Mille francs.
LA GRENOUILLE : Mille francs ! Mais c'est cher, mille francs ! Je ne suis pas riche, moi ! Bon. Tenez. Voici vos mille francs.

(E3) Je vais vous raconter l'histoire
d'une grande catastrophe
sur la route du marché.

Un jour, pour s'amuser,
le singe, ce rusé,
met une peau de banane
au milieu du chemin.

Le gros hippopotame
glisse, glisse et patatras !
écrase comme un moustique
la queue du crocodile
qui mord la queue
du kangourou
qui secoue petit kangourou
qui saute et tombe
sur le chat
qui marche
sur le long serpent
qui avale petit kangourou.
Pauvre petit kangourou !
Ah ! Quelle histoire !
Quelle histoire,
cette grande catastrophe
sur la route du marché.

Et voilà ! Le serpent a avalé le petit kangourou. Vite ! On appelle le docteur Chameau.

LE CHAMEAU : Voyons ce malade...
LA GRENOUILLE : Il a avalé un bébé kangourou.
LE CHAMEAU : Voyons... Tirez la langue... Toussez... Ouvrez la bouche... Je ne vois rien !
LA GRENOUILLE : Moi, je sais comment faire.
LE CHAMEAU : Vous ? La grenouille ? Vous savez comment faire ?
LA GRENOUILLE : Oui, docteur !

La grenouille est rusée. Elle jette un peu de poivre sur le nez du serpent.
« Atchoum ! Atchoum !... » fait le serpent...
... Et bébé kangourou saute de la bouche du serpent.

(E4) *Le jour de l'anniversaire est arrivé.*
L'hippopotame se prépare.
Il veut mettre sa chemise. Elle est trop petite !
Il veut mettre son pantalon. Il est trop court !
Il veut mettre son chapeau. Il est trop grand !
Et sa cravate ?

L'HIPPOPOTAME : Où est ma cravate ? J'ai perdu ma cravate !
LA GRENOUILLE : Cherche bien sous ton lit, dans tes poches.
L'HIPPOPOTAME : Non, je ne trouve pas ma cravate.
LA GRENOUILLE : Alors, on a volé ta cravate.
L'HIPPOPOTAME : On a volé ma cravate. Ma chemise est trop petite. Mon pantalon est trop court.

Mon chapeau est trop grand.
Mais qu'est-ce que je vais mettre ? Comment je vais faire ?
LA GRENOUILLE : Ne pleure pas, hippopotame ! Toi, le cheval, va vite au marché. Rapporte de la peinture. Du rouge, du bleu, du vert, toutes les couleurs.
L'HIPPOPOTAME : Mais pour quoi faire ?

Et quand le cheval revient du marché...

LA GRENOUILLE : Je vais peindre sur toi un costume bleu, une cravate rouge, un chapeau jaune et des souliers verts.

(E5) *La fête a commencé. Beaucoup d'invités sont arrivés. Écoutez...*
Pour entendre mieux, nous allons monter sur le dos de la mouche curieuse. Elle va nous promener, dans la fête...
Ici, on fait des cadeaux à la girafe.

LE SERPENT : Voici votre cadeau, mademoiselle.
LA GIRAFE : Oh merci ! Qu'est-ce que c'est ?
LE SERPENT : C'est un collier.
LA GIRAFE : Un autre collier ! C'est le dixième !

Mais la girafe peut mettre beaucoup de colliers. Continuons... Ici, on danse.

LE LAPIN : Changez la cassette, s'il vous plaît, la musique est trop triste.
LA GRENOUILLE : Oui, mettez une musique plus gaie !
LE CROCODILE : Ah voilà ! C'est bien, ça. Vous dansez, chère grenouille ?
LA GRENOUILLE : Avec plaisir, cher crocodile.
LE CROCODILE : Un, deux, trois, quatre ! Un, deux, trois, quatre ! Plus vite ! Et plus fort, la musique !

Voici le coin des bavardes.

LA SOURIS : Vous avez vu le fils de l'éléphant ?
LA FILLE KANGOUROU : J'ai dansé avec lui. Il est très gentil.
LA SOURIS : Moi, je préfère le fils du crocodile, il est plus élégant.
LA FILLE KANGOUROU : Mais le fils de l'éléphant danse mieux.

Ici, c'est le coin des bavards.

L'ÉCUREUIL : C'est bizarre, l'hippopotame n'est pas là.
LE CHIEN : Peuh ! Il est trop paresseux.
L'ÉCUREUIL : Non ! Il est en retard. Il va venir. Il est amoureux de la girafe.

Et ici, il y a le cirque Boulou.

UNE VOIX : « Avancez, mesdames, mesdemoiselles, messieurs ! Venez rire ! Venez vous amuser au cirque Boulou ! »

(E6) *Mais qu'est-ce qu'il y a ? Quel est ce bruit ?*

— Bravo !
— C'est le plus beau !
— C'est le plus élégant !
— Hippopotame, tu es le mieux habillé !

Eh oui ! l'hippopotame arrive. Il est magnifique avec son costume bleu, son chapeau à plume jaune, ses souliers verts et sa cravate couleur de tomate. Alors, la girafe tourne la tête... Elle voit l'hippopotame et ses yeux brillent... brillent...

Avec qui voulez-vous danser,
mademoiselle, mademoiselle ?
Avec qui voulez-vous danser ?
Choisissez votre cavalier.

Le plus gai, c'est le cheval blanc,
il vous montre toutes ses dents.
Le plus sérieux, c'est le chameau,
il ne dit pas un mot de trop.

Mais le plus beau
Mais le plus fort
Mais le plus fier
C'est l'hippopotame !

L'oiseau noir est le plus bavard,
il n'écoute pas la musique.
Le lapin est le plus poli
et c'est aussi le plus gentil.

L'éléphant est le plus patient,
bien sagement, il vous attend.
Faites attention quand vous dansez
il peut vous écraser le pied.

(E7) VOIX : — Des gouttes de pluie !
— C'est un orage !
— Courons vite dans la maison !
LA GIRAFE : Catastrophe, la fête est finie !

Tout le monde crie. Tout le monde court. Mais la

maison est vite pleine. Il n'y a pas de place pour tous les invités. Il n'y a pas de place pour l'hippopotame.
Alors, il reste dehors, sous la pluie.
Tout à coup, quelqu'un crie :

VOIX : — Regardez ! L'hippopotame a changé !
— Où est son costume ?
— Il a perdu sa cravate !
— Mais il est tout nu !
— Ah ! Ah ! Ah !

Eh oui ! la pluie a effacé la peinture.
L'hippopotame est sans costume, sans souliers verts et sans cravate couleur de tomate. Encore une fois, on se moque de lui.
Mais dans le cirque Boulou, quelqu'un appelle l'hippopotame.

LA DEMOISELLE HIPPOPOTAME : Hippopotame, ne pleure pas ! Viens avec nous, au cirque Boulou !
L'HIPPOPOTAME : J'étais le plus beau et maintenant, je suis le plus laid.
LA DEMOISELLE HIPPOPOTAME : Mais non, hippopotame ! Viens avec nous au cirque Boulou !
L'HIPPOPOTAME : Tu as raison. Je viens avec vous au cirque Boulou.

Dans la rivière
j'ai toujours vu
des hippopotames.

Mais je n'ai jamais rencontré
de crocodile sur un fil.
Non, je n'ai jamais rencontré
de crocodile sur un fil.

Mais je n'ai jamais rencontré
d'hippopotame en pyjama.
Non, je n'ai jamais rencontré
d'hippopotame en pyjama.

Dans la forêt
j'ai toujours vu
des éléphants.

Au bord de l'eau
j'ai toujours vu
des crocodiles.

Mais je n'ai jamais rencontré
d'éléphant sur un cerf-volant.
Non, je n'ai jamais rencontré
d'éléphant sur un cerf-volant.

IL ÉTAIT UNE FOIS... UN ROI QUI AVAIT UNE FILLE

(F1) *... Mais ce n'était pas une fille comme les autres.*
Bouledeneige était grosse, grosse, très grosse.
Plus grosse que le chameau quand il a bu.
Plus grosse que le serpent quand il a mangé.
Plus grosse que le ballon quand il est gonflé.
Écoutons le cuisinier de Bouledeneige.

LE CUISINIER : Aujourd'hui, au petit déjeuner : 3 litres de lait, 4 pains, 6 œufs et 10 verres de jus d'orange.
Au déjeuner : 3 poulets, 4 kg de carottes, 4 kg de spaghettis et la moitié d'un bœuf.
Au dîner : l'autre moitié du bœuf et 3 assiettes de glace au chocolat.

Et voilà ! C'est tous les jours comme ça ! Alors, bien sûr, Bouledeneige grossit, grossit, grossit. Son père, le roi, est bien malheureux. Il pense toujours à sa pauvre fille. Il ne dort plus. Il ne mange plus. Il ne boit plus. Il ne va plus se promener dans la forêt.

LE CUISINIER : Mais, Monsieur le Roi, vous n'avez rien mangé !
LE ROI : Si, j'ai mangé une olive.
LE CUISINIER : Allons ! Prenez une autre olive.
LE ROI : Non merci. Je n'ai plus faim.
LE CUISINIER : Et vous n'avez rien bu !
LE ROI : Si, j'ai bu un verre d'eau.
LE CUISINIER : Allons ! Buvez un autre verre d'eau.
LE ROI : Non merci. Je n'ai plus soif.
Et voilà ! C'est tous les jours comme ça ! Alors bien sûr, le roi maigrit, maigrit, maigrit.

(F2) À table ! À table !
Pour le petit déjeuner.
Pour moi trois litres de lait.
Pour moi trois gouttes de lait.
J'ai encore faim ! J'ai encore soif !
Je n'ai plus faim ! Je n'ai plus soif !

À table ! À table !
C'est l'heure du déjeuner.
Pour moi la moitié d'un bœuf.
Pour moi la moitié d'un œuf.
J'ai encore faim ! J'ai encore soif !
Je n'ai plus faim ! Je n'ai plus soif !

À table ! À table !
À table pour le dîner !

Trois gros morceaux de gâteaux.
Un petit morceau de gâteau.
J'ai encore faim ! J'ai encore soif !
Je n'ai plus faim ! Je n'ai plus soif !

À table ! À table !

Une fille qui grossit, grossit, grossit, ça ne peut pas continuer. Alors, le roi appelle son ministre.

LE ROI : Ministre, pourquoi ma fille est grosse ?
LE MINISTRE : Parce qu'elle mange trop.
LE ROI : Ça, c'est bien vrai !... Mais pourquoi elle mange trop ?
LE MINISTRE : Parce qu'elle a toujours faim.
LE ROI : Ça, c'est bien vrai !... Mais pourquoi elle a toujours faim ?
LE MINISTRE : Parce que le cuisinier fait de bons plats.
LE ROI : Ça, c'est bien vrai !... Ministre, le cuisinier doit faire de mauvais plats.

Et maintenant, le cuisinier fait de mauvais plats.
Il met du sucre dans le poulet, du poivre dans les gâteaux, du sel sur le chocolat.
Dans le château, personne ne mange, mais Bouledeneige, elle, continue à manger.
Alors le roi appelle tous les docteurs du pays... Mais Bouledeneige continue à grossir.
Alors, le roi appelle tous les professeurs de gymnastique du pays... Mais Bouledeneige continue à grossir.
Qu'est-ce qu'on peut faire ?
Un jour, le roi a une idée.

LE ROI : Ministre, va dans la forêt ! Ramène-moi les sorcières.

(F3) *Mais le ministre ne veut pas aller dans la forêt. Il a peur. Il croit que les sorcières sont méchantes. Alors, il s'arrête au bord de la forêt. Il se couche sous un arbre et il dort tout l'après-midi. Puis, il revient au château.*

LE MINISTRE : Monsieur le Roi, je n'ai pas vu les sorcières.
LE ROI : Tu n'as pas vu les sorcières ? Tu n'es pas allé dans la forêt ?
LE MINISTRE : Si, Monsieur le Roi.
LE ROI : Tu n'as rien entendu ?
LE MINISTRE : Non, Monsieur le Roi.

Mais le roi ne croit pas son ministre.

LE ROI : Ministre ! Tu n'es pas allé dans la forêt. Tu n'as pas appelé les sorcières. Tu t'es couché sous un arbre et tu as dormi tout l'après-midi. Ministre ! Tu n'es pas courageux !

Alors, le roi appelle ses autres ministres... Mais ils ne veulent pas aller dans la forêt.
Le roi appelle ses soldats. Mais ils ne veulent pas aller dans la forêt.
Il appelle son grand fils. Mais il ne veut pas aller dans la forêt. Alors, le roi se met en colère.

LE ROI : Comment ! Personne ne veut aller dans la forêt ?

Alors, on entend une petite voix.

LA GRENOUILLE : Moi, Monsieur le Roi. Je veux aller dans la forêt. Je connais les sorcières. Elles ne sont pas méchantes.
LE ROI : Bravo, petite grenouille ! Toi, tu es courageuse. Eh bien vas-y et ramène-moi les trois sorcières.

Trois heures après, on entend de grands cris. Ce sont les sorcières.

Je suis Raziza
la meilleure des sorcières.
Ah ! Ah ! Ah ! Ah ! Ah ! Ah !
Montez sur ce balai,
je vais vous emmener
au fond de la mer
ou sur la montagne
si vous voulez.

Je suis Tamara
la meilleure des sorcières
Ah ! Ah ! Ah ! Ah ! Ah ! Ah !
Buvez ce bol de lait
et je vais vous changer
en jolie princesse
ou en oiseau bleu
si vous voulez.

Je suis Baloula
la meilleure des sorcières.
Ah ! Ah ! Ah ! Ah ! Ah ! Ah !
Regardez ce miroir
et vous allez vous voir
plus grand, plus petit,
plus maigre ou plus gros
si vous voulez.

(F4) *Les sorcières vont faire un gâteau magique.*
Avec ce gâteau, la fille du roi va maigrir.
Au travail ! Elles sont allées dans la forêt.
Elles cueillent des fleurs, des feuilles et des champignons pour mettre dans le gâteau.
Mais trois sorcières dans une forêt, ça fait beaucoup de bruit ! Écoutez :

RAZIZA : Tu as renversé mon panier !
TAMARA : Non, ce n'est pas moi !
RAZIZA : Si, je t'ai vue. Tiens, attrape !
TAMARA : Aïe ! Aïe ! Tu es folle ! Tiens !

TAMARA : Tu as volé mes champignons ?
BALOULA : Non, ce n'est pas moi !
TAMARA : Si, je t'ai vue. Tiens, attrape !
BALOULA : Aïe ! Aïe ! Tu es folle ! Tiens !

Et voilà ! Elles se battent. Elles se tirent les cheveux, se tirent les oreilles, se tirent le nez. Elles se frappent à coups de pied, à coups de poing, à coups de panier. Quel bruit ! Mais regardez ! Elles se battent aussi avec leur baguette magique.

Abracadabra !
Ce beau champignon,
il n'est pas à toi,
il n'est pas à elle.
Il est à moi !
Abracadabra !
Tu es un fromage
et je suis un gros rat.

Abracadabra !
Cette souris jaune,
elle n'est pas à toi,
elle n'est pas à elle.
Elle est à moi !
Abracadabra !
Tu es une mouche
et je suis un oiseau.

Abracadabra !
Ces herbes magiques,
ne sont pas à toi,
ne sont pas à elle.
Elles sont à moi !
Abracadabra !
Tu es un lapin
et je suis un serpent.

(F5) *Ça y est ! Les paniers sont pleins. On peut préparer les gâteaux.*

Pour faire un gâteau de sorcières,
il faut une grande marmite,
et sous la marmite un grand feu.

Prenez des œufs de serpents verts.
Cassez-en un, cassez-en deux, cassez-en trois.
Des morceaux de champignons rouges.
Mettez-en un, mettez-en deux, mettez-en trois.

Prenez des queues de souris jaunes.
Coupez-en une, coupez-en deux, coupez-en trois.
Et des larmes de crocodile.
Versez-en une, versez-en deux, versez-en trois.

Ajoutez quelques grains de poivre
et mélangez et mélangez et mélangez.
Puis beaucoup de sauce tomate.
Voilà c'est prêt ! Voilà c'est prêt ! Voilà c'est prêt !

TAMARA : Baloula, je n'ai plus de sel.
BALOULA : Tiens, voilà. Et toi Tamara, tu as encore des œufs de serpent ?
TAMARA : Oh, pas beaucoup. Mais prends-en deux ou trois si tu veux.
BALOULA : Merci Tamara.
RAZIZA : Encore un peu de sauce tomate, quelques fleurs de la forêt. Voilà ! C'est prêt.

Et maintenant, regardez bien la petite grenouille. Qu'est-ce qu'elle fait ? Elle ajoute un peu de poivre dans la première marmite, quelques feuilles dans la deuxième, beaucoup de sauce tomate dans la troisième.
Vous croyez qu'elle aide les sorcières ? Moi, je ne sais pas. Nous allons voir...

(F6) *Nous sommes dans la cour du château. Il y a beaucoup de monde.*
Les trois sorcières vont essayer leurs gâteaux magiques. Écoutez ! Elles arrivent. On les applaudit.

LE MINISTRE : Première sorcière !

Raziza donne un morceau de gâteau à Bouledeneige. Que va-t-il se passer ? Eh bien, rien ! Il ne se passe rien. Bouledeneige reste pareille. Les gens ne sont pas contents. Le roi se met en colère.

LE ROI : Tu as menti, Raziza. Tu n'es pas la meilleure sorcière !
RAZIZA : Monsieur le Roi, je me suis trompée. Il y a trop de poivre dans mon gâteau, je vais recommencer.
LE ROI : Non ! C'est fini ! Allez ! Hop ! En prison !
LE MINISTRE : Deuxième sorcière !

Que va-t-il se passer ? Rien ? Si ! Voilà les jambes et les bras de Bouledeneige qui maigrissent, maigrissent. Mais la tête et le corps restent pareils. Les gens ne sont pas contents. Le roi se met en colère.

LE ROI : Tu as menti, Tamara. Tu n'es pas la meilleure sorcière. Regarde ce que tu as fait !
TAMARA : Monsieur le Roi, il n'y a pas assez de larmes de crocodile dans mon gâteau. Je vais recommencer.
LE ROI : Non, c'est fini ! Allez ! Hop ! En prison !
LE MINISTRE : Troisième sorcière !

C'est le tour de Baloula. Est-ce qu'elle va réussir ?

Bouledeneige mange le gâteau. Et voilà sa tête et son corps qui maigrissent, maigrissent. Et ses jambes et ses bras qui maigrissent encore. Quelle catastrophe ! Bouledeneige devient minuscule, minuscule et le roi doit mettre ses lunettes pour la voir. Les gens ne sont pas contents. Le roi se met en colère.

LE ROI : Tu as menti, Baloula. Tu n'es pas la meilleure sorcière.
BALOULA : Monsieur le Roi, je me suis trompée. Il n'y a pas assez de sauce tomate et trop de poivre. Je vais recommencer.
LE ROI : Non, c'est fini ! Allez ! Hop ! En prison !

Et voilà ! les trois sorcières sont en prison. Bouledeneige est minuscule. Qu'est-ce qu'on peut faire ?

(F7) LE ROI : Est-ce que quelqu'un veut essayer ? S'il réussit, je lui donne mon château, je lui donne tout mon or, je lui donne tout ce qu'il veut !

Mais personne ne bouge. Personne ne parle. Personne ne lève la main. Tout à coup, on entend une petite voix.

LA GRENOUILLE : Moi, je veux essayer.
LE ROI : Ah ! Ah ! Ah ! C'est toi, la grenouille ! Laisse-moi rire. La grenouille veut être plus forte que les docteurs, plus forte que les sorcières. Ah ! Ah ! Ah !
LA GRENOUILLE : Oui, Monsieur le Roi. Je peux guérir votre fille.
LE ROI : Bon, essaie. Mais si tu ne réussis pas... Hop ! En prison ! Compris ?

Alors, la grenouille souffle dans l'oreille de Bouledeneige. Qu'est-ce qu'elle lui dit ? Je ne sais pas. Personne ne l'entend. Mais tout à coup, la minuscule Bouledeneige devient grande, devient mince, devient blonde et belle comme toutes les princesses. Cette fois, les gens sont contents et le roi aussi est content.

LE ROI : Bravo ! Tu es la meilleure. Alors, qu'est-ce que tu veux ? Mon or, mon château ?
LA GRENOUILLE : Je veux me marier avec votre fille.
LE ROI : Te marier avec ma fille ? Mais c'est impossible !
LA GRENOUILLE : Monsieur le Roi ! Rappelez-vous, vous avez dit : « je lui donne tout ce qu'il veut ».
LE ROI : C'est vrai ! C'est vrai ! Mais voyons, ce n'est pas possible !
LA GRENOUILLE : Rappelez-vous...
LE ROI : Bon, d'accord.

Vous croyez que l'histoire va finir comme ça ? Ce n'est pas possible ! Alors, regardez la dernière page de votre livre...
Eh oui ! Quand le roi a dit « d'accord », la grenouille est devenue un beau jeune homme, avec un joli costume et un chapeau à plumes. C'est le jour du mariage.

VOIX : — Bravo !
— Vive les mariés !
— Qu'ils sont beaux !

Bouledeneige était la fille
d'un vieux roi malheureux,
parce qu'elle mangeait trop.
Mais pourquoi ? Mais pourquoi ?
Je ne me rappelle pas.

Le vieux roi a fait venir
des professeurs, des docteurs
et les meilleures sorcières.
Mais pourquoi ? Mais pourquoi ?
Je ne me rappelle pas.

Ils ont tous fait des bêtises
et la pauvre Bouledeneige
est devenue minuscule.
Mais pourquoi ? Mais pourquoi ?
Je ne me rappelle pas.

La grenouille est arrivée
elle a soufflé dans l'oreille
de la pauvre Bouledeneige.
Mais pourquoi ? Mais pourquoi ?
Je ne me rappelle pas.

Bonjour, ma jolie princesse.
Bonjour, mon joli monsieur.
Et ils se sont mariés.
Mais pourquoi ? Mais pourquoi ?
Je ne me rappelle pas.

Leurs enfants sont des gourmands
ils aiment jouer dans l'eau
et savent sauter très haut.
Mais pourquoi ? Mais pourquoi ?
Je sais très bien pourquoi...

Imprimerie Tardy Quercy S.A. Bourges - N° d'éditeur : CL 40767-I (A.A.c.VII) C - Imprimé en France - Mai 1987 - N° 13729